THIS BOOK BELONGS TO

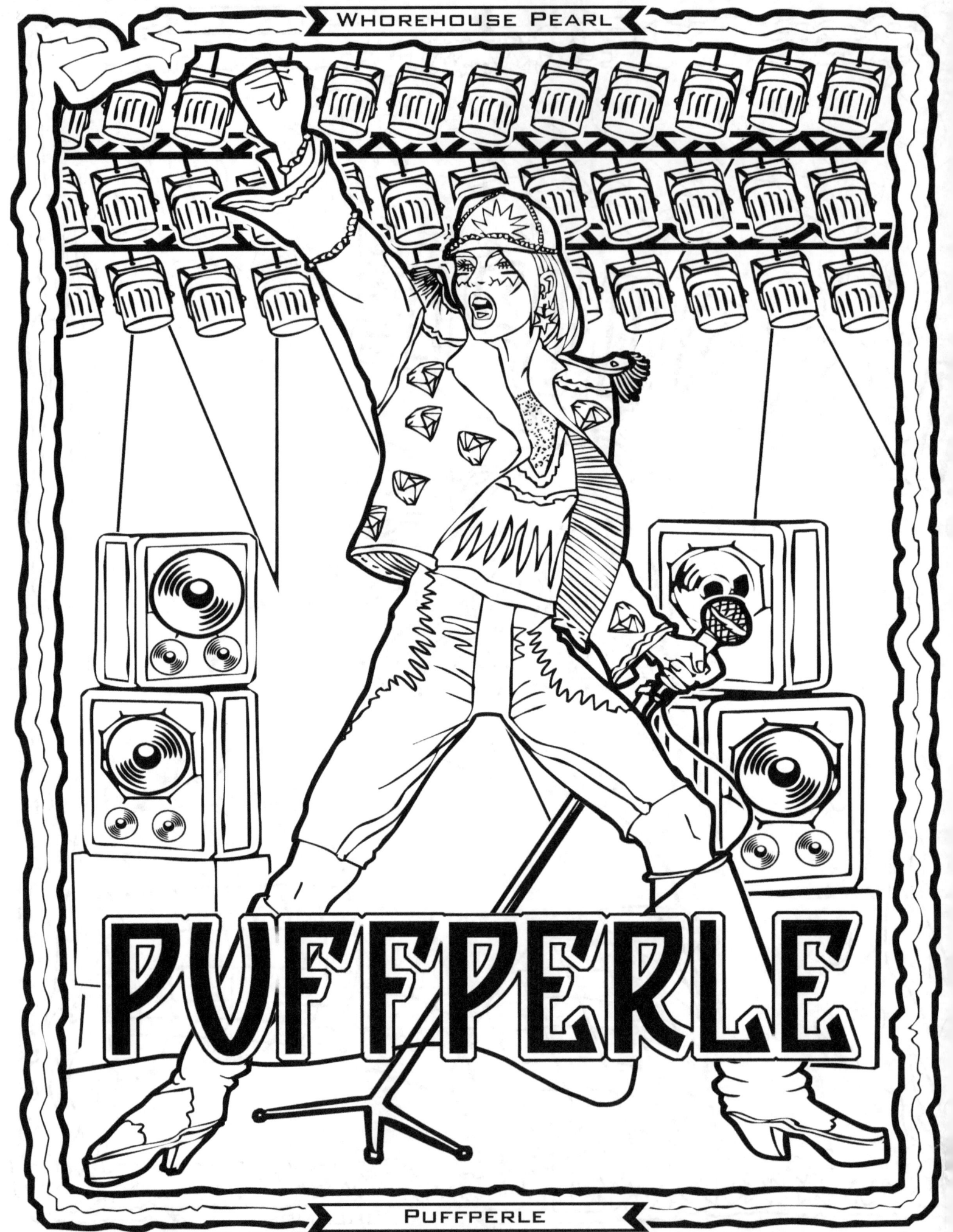

HUEHNER-FICKER

MANN

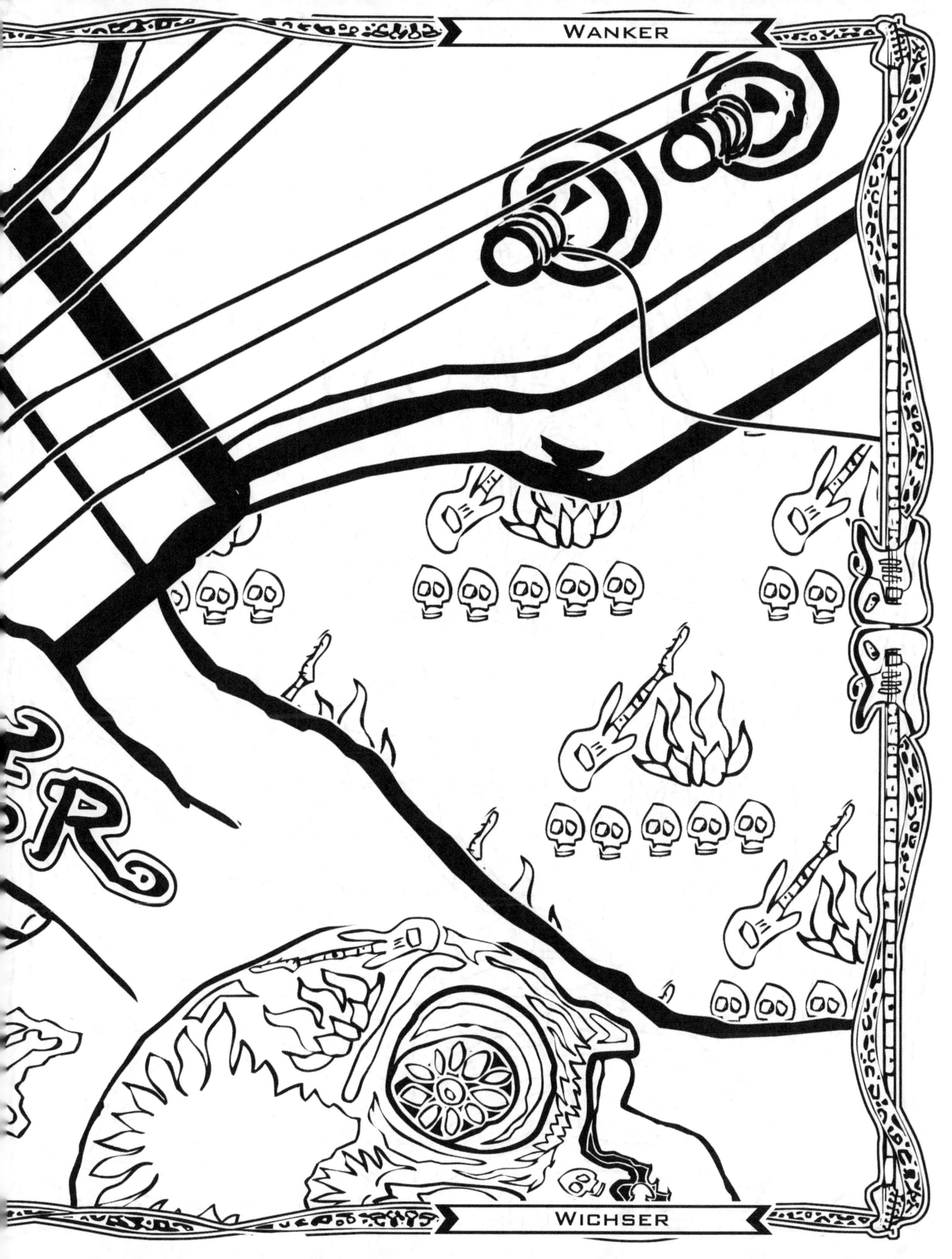

Pappnase

SONNTAGSFAHRER

#

Die folgenden Seiten sind
für Ihre eigenen Entwürfe und Ideen bestimmt.
Teilen Sie gerne Ihre Kreationen auf Wundermonster.com

#

The following pages are
intended for your own designs and ideas.
Feel free to share your creations on Wundermonster.com

#